Putzis Freud und Leid

Geschichten vom kleinen Hund Putzi und seinen Freunden Hanni, Fritz und Kolk

Ein Kinderbuch von

Joachim Rohde

mit Versen von

Karl Rohde

und 83 farbigen Bildern und Zeichnungen von

Fritz Lattke

1 9 4 1

Gebr. Richters Verlagsanstalt Erfurt

Kinder . . .

„Freud und Leid“ haben Putzi und seine Kameraden auch schon früher erlebt! Die Streiche und Taten der vier kleinen Freunde füllen schon fünf große schöne Bücher so voll bunter lustiger Bilder wie es dieses Buch ist. Am Dorfrand steht ein kleines Haus. Darin wohnen gemeinsam die

Vier treuen Freunde

Fritz, ein tapferer abenteuerlustiger Bub, Hanni, das ängstliche, aber auch lustige Mädchen, Kolk, der kluge, immer hilfsbereite Rabe und der kleine Hund Putzi, dieser ganz durchtriebene Schlingel. Was für Geschichten den Vieren passieren; daheim und in der Stadt, unter Räubern und im Märchenland, bei den Bauern und den Stadtleuten – es ist nicht auszusagen! Sogar mit dem Luftballon beginnen sie voll Wagemut und Neugier eine Fahrt

Zu Viert um die Welt

Sie kommen zu den Zirkusleuten, ja endlich zu Schatzgräbern, überqueren auf einem unheimlichen Schiff das Meer – es ist schrecklich, was ihnen alles zustößt, aber lustig ist es auch, und am Ende dürfen sie sogar im Flugzeug wieder nach Hause. Doch glaubt ihr, sie hätten genug? Durchaus nicht! Wieder ist es Putzi, der mit seinen Freunden eine

Alpenreise zu Viert

macht, hoch hinauf in die deutschen Berge, auf die Almen, zu den Holzknechten; und dann raubt ein großer Adler den Putzi, und seine drei Kameraden haben viel zu tun, um ihn wieder zu befreien. Er ist doch noch gar zu dumm, der Putzi; man muß ihm endlich ein bißchen Lesen und Schreiben beibringen! Wie lustig das ist, als der kleine Bursche das ABC – nicht erlernt, nein erlebt. Er ist gar nicht so schwer, der Schulanfang,

Der große Anfang!

So vergnüglich hat noch keiner lesen gelernt, wie unser kleiner Hund Putzi! Du liebe Zeit, und dann geht es auch ans Rechnen! Schlimm? Aber nein, auch da gibt es einen Spaß um den andern. Und genau so geht es in dem abenteuerlichen neuen Buch zu, dessen Titel einen ja schon neugierig macht:

Da ist was geschehen!

„Hanni, Fritz, Putzi und der Rabe Kolk“ mit freundlicher Genehmigung der Erbengemeinschaft Otto Richters in leicht veränderter Ausführung 1991 wieder aufgelegt von der VERLAG UND DRUCKEREI FORTSCHRITT ERFURT GmbH. Neu gesetzt in der 14-Punkt-Garamond.
Gesamtherstellung: Offizin Andersen Nexö Leipzig GmbH ISBN 3-13368-139-7

Was man verspricht, muss man auch halten!

Es war um die Mittagszeit im Häuschen der vier treuen Freunde. Putzi saß mit gespitzten Ohren auf einem Stuhl und sah zu, wie Hanni den Tisch deckte. Das Wasser lief ihm im Maul zusammen, als sie einen Teller mit Schinkenscheiben niederstellte, und kaum hatte sie sich umgedreht, da langte er auch schon nach dem dicksten Stück und begann es hastig hinunterzuschlingen.

„Da soll doch gleich...!“ ertönte in diesem Augenblick eine krächzende Stimme hinter dem Missetäter, und eine feste Hand packte ihn im Nacken. Der Rabe Kolk und Fritz waren

unbemerkt ins Zimmer getreten und hatten Putzi beim Naschen erwischt. „Schämst du dich denn gar nicht?“ zürnte Kolk. „Nennst du das Freundschaft, wenn du immer Wurst maust oder die Milch ausschleckst und uns nur die Reste übrig läßt? Pfui! Wie kannst du nur so garstig sein!“ Putzi ließ schuldbewußt die Ohren hängen. Mehr als der Griff von Fritz schmerzte ihn Hannis kummervolles Gesicht. Er schluckte ein paarmal, und dann begann er zerknirscht: „Ich will mich ja bessern! Wenn ich wieder einmal etwas Leckeres stehen sehe, werde ich es bestimmt nicht anrühren!“ „Daran glaube ich nicht“, krächzte der Rabe, und auch Fritz meinte zweifelnd: „Das müßtest du uns erst beweisen!“ Stolz reckte sich Putzi auf. „Das

werde ich auch“, antwortete er, „und zwar gleich nachher, wenn ihr spazieren geht. Hier hast du meine Pfote darauf!“

Versprechen sind oft leicht gegeben, aber viel schwerer ist es, sie zu halten. Kaum hatten Hanni, Fritz und Kolk die Gartenpforte hinter sich geschlossen, da richteten sich Putzis Blicke auch schon hungrig auf die Schüssel, die seine Freunde vor ihn hingestellt hatten. Ein Knochen, an dem saftige Schinkenreste hingen, lag darin. „Hmmm!“ machte der kleine Bursche, und seine Augen begannen zu leuchten. Gleich darauf aber verzog er schmerzlich das Gesicht. Er durfte ja nicht! Er hatte ja versprochen....!

„Oh“, stöhnte Putzi, „was mache ich nur!“ Langsam erhob er sich, schlich näher an die Schüssel, schnupperte an dem verführerischen Leckerbissen und überlegte: „Ein kleines Eckchen abnagen könnte ich doch! Das würde niemand merken...“ Genießerisch fuhr er mit der Zunge einmal über den Knochen, im gleichen Augenblick aber zuckte er auch schon zusammen. „Halt! Das darfst du nicht!“ ermahnte er sich selber und blickte sich scheu um, ob er etwa beobachtet worden wäre. Dann wich er tief aufseufzend einige Schritte zurück und legte sich wieder nieder, die Augen starr und begehrlich auf die Schüssel gerichtet, in der der schönste Knochen lag, den er je gesehen hatte.

Ein tiefes, drohendes Knurren ließ ihn nach einer Weile

aufblicken. An der Gartenpforte stand eine große, gefleckte Dogge, und ehe Putzi noch etwas Böses ahnte, hatte der fremde Hund sich schon aufgerichtet, die Pfote auf die Klinke gelegt und die Tür geöffnet. Mit gestrecktem Schweif kam er näher, strich einmal um die Schüssel und schnappte dann schmatzend nach dem Knochen. „Halt! Das gibt es nicht!" schrie Putzi wütend und schoß auf den Eindringling los. Die Dogge ließ den Knochen fallen und starrte einen Augenblick den kleinen Wicht verwundert an. Dann fletschte sie

grimmig die Zähne und knurrte so wild, daß Putzi entsetzt zurückwich und sich auch nicht mehr vorwagte, als sein Feind die Beute wieder aufhob und langsam damit davontrabte.

Putzi stöhnte verzweifelt auf. „Hanni und Fritz werden glauben, daß ich den Knochen gefressen habe“, jammerte er, „und das darf doch nicht sein! Nein! Ich muß ihn wiederhaben!“ Er rannte hinter der Dogge her, und als er an einen Zaun kam, in dem er ein kleines Loch entdeckte,

faßte er einen verzweifelten Entschluß. Blitzschnell schoß er vor, biß die Dogge in den Schwanz, und als diese den Knochen fallen ließ, um sich auf den frechen kleinen

Angreifer zu stürzen, packte er flink die Beute und flitzte damit durch das Loch im Zaun.

Die Dogge wollte Putzi folgen, aber sie war viel zu groß, um sich durch den engen Spalt zwängen zu können. Voller Wut schnellte sie deshalb am Gitter hoch und blaffte wild: „Sofort gibst du den Knochen her, sonst reiße ich dich in Stücke!“ Putzi blinzelte ihr nur spöttisch zu, ehe er auf Schleichwegen zum Häuschen der Vier zurückeilte. Er schob sorgsam den Riegel vor die Gartentür, um nicht noch einmal überrascht zu werden, dann legte er den hart umkämpften Knochen wieder an seinen alten Platz zurück.

Hoch aufgerichtet saß er da und wartete, bis seine Freunde nach Hause kamen. „Da!“ sagte er nur und wies stolz auf die Schüssel. „Das hätte ich nicht für möglich gehalten“, krächzte der Rabe verwundert, und Fritz strich dem kleinen Burschen anerkennend über das Fell. Hanni aber nahm ihn auf den Arm und meinte: „Das hast du brav gemacht, Putzi!“ „Und weil du dein Versprechen gehalten hast“, fügte sie lächelnd hinzu, „darfst du jetzt auch den Knochen nehmen!“ Wie der Blitz sauste Putzi los, und schwapp! – biß er zu. Noch nie hatte ihm etwas so gut geschmeckt!

Die Tabakspfeife

Vom Kaufmann Schnuffel kommt Putzi daher.
Er schleppt einen Henkelkorb, voll und schwer.
Im Korb liegen Zucker und Mehl und Zitronen,
Rosinen und Salz und zwei Büchsen mit Bohnen.
Der Putzi hat eilige Heimkehr versprochen,
Denn Hanni braucht alles zum Mittagkochen.
Sein Weg ist weit; er muß sich verschnaufen.
Da kommt übers Feld ein Dackel gelaufen.
Der Schnorps ist's, der heute, wie schon so oft,
Auf lustige Streiche
mit Putzi hofft.
Der Putzi sagt artig:
„Ich hab keine Zeit,
Komm, hilf mir erst tragen,
dann bin ich bereit."

Da griffen die beiden
zum Henkel des Korbs
Und tappelten heimwärts,
der Putzi und Schnorps.

Ganz einsam
an der Straße
Wohnt Vater Teuberling,
Der eben nach dem Brunnen
Zum Wasserholen ging.
Er saß sehr oft im Garten,
Das Pfeifchen schief im Mund,
Und schimpft auf alle Jungen
Und scheuchte jeden Hund.
Die Hunde und die Buben
Verargten ihm das sehr
Und machten ihm das Leben

Dafür auch ziemlich schwer.
Auch Putzi und der Dackel,
Die haßten diesen Mann,
Der häufig sie verjagte,
Wenn kaum ihr Spiel begann.

Sie stehn vor dem Garten und schauen hinein;
Was liegt auf der Bank dort, was mag das nur sein?
Sie lugen nach Teuberling vorsichtig aus,
Der trägt eine Kanne
Wasser ins Haus.
Er merkt nicht, wie beide
den Garten durchstreifen
Und heimlich dort
seine Sachen ergreifen.
Sein Pfeifchen mit Tabak
und Feuerzeug –

Dann kehren sie eilig zurück durchs Gesträuch.
Geschwind wird von beiden Reißaus gemacht
Und alles im Korb ins Versteck gebracht.

Nicht weit von jenem Garten
Liegt eine Wiese frei.
Dort steht das Heu getrocknet
In Haufen Reih' an Reih'.
Sie holen aus dem Korbe
Den ganzen
Tabakschatz
Und wählen
sich als Lager
Im Heu
den Raucherplatz.
Gestopft ist schnell
die Pfeife,

Ein Zündholz angesteckt,
Und jeder denkt, wie herrlich
Der erste Tabak schmeckt.

Doch als der Schnorps begierig
Die Probezüge tut,
Da kraust sich seine Schnauze –
Es schmeckt ihm gar nicht gut.

Dem Putzi gehts nicht besser,
Auch ihm behagt es nicht,
Er schneidet beim Probieren
Ein komisches Gesicht.

„Wir müssen fester rauchen“,
sagt er zum Dackel ernst.
„Versuch es einmal richtig,
Daß du es besser lernst“.

Der Dackel nimmt die Pfeife
Und zieht mit voller Kraft,
Daß helle Funken sprühen
Und daß es dampft und pafft.
Der Putzi kommt nun wieder
Als Raucher an die Reih'.
Dann ist es mit den beiden

Auf einmal
ganz vorbei.
Sie sinken
matt zusammen,
Das Elend
ist nun da,
Und keiner
weiß vom andern,
Was weiter
hier geschah.

Erst als das Heu schon brannte,
Vom Pfeifchen angesteckt,
Da schleppen sie sich weiter,
Weil Feuersnot sie schreckt.

Die Leute sehn die Flammen;
Sie schlagen laut Alarm,
Und „Feuer!“ ruft man „Feuer!“
Da kommt gleich der Gendarm.
Schon brennt der zweite Haufen,
Und leicht kann es geschehn,
So wird die ganze Wiese
In Glut und Flammen stehn.

Ein Bauer schreit verzweifelt,
Als er zum Feuer rennt:
„Nun muß mein Vieh verhungern,
Wenn alles Heu verbrennt."
Herr Schnuffel kommt gelaufen,
Und Teuberling kommt auch;
Sie sahen weit die Flammen,
Die Funken
und den Rauch.
Sie alle
stehn sich kräftig
Im Feuerlöschen
bei,
Und jeder
fragt den andern,
Wie das
entstanden sei.

Das Löschen hat geholfen;
Man könnte heimwärts gehn.
Da hat man in der Asche
Den Pfeifenkopf gesehn.
Da sagte ganz bedächtig
Der Vater Teuberling:
„Der ist mir heut gestohlen,
Als ich zum Brunnen ging."
Nun kam auch Fritz mit Hanni

Den weiten
Weg gerannt,
Und Hanni hat
ihr Körbchen,
Das abseits stand,
erkannt.
Dem Kaufmann
Schnuffel wurde

Auf einmal alles klar.
Er meinte, daß der Putzi
Der Feuerstifter war.
Fritz schaut sich auf der Wiese
Nun nach dem Putzi um;
Da lag er mit dem Dackel
Ganz schlapp und krank und krumm.

„Hoho, da seid
ihr Sünder!“
Sagt zornig
der Gendarm.
„Jetzt packt
euch Übeltäter
Sofort mein
strenger Arm!
Wenn ihr zwei
Buben wäret,
Brächt ich euch in Arrest.
Doch auch euch bösen Hunde
Leg ich vier Wochen fest.
Ihr kommt jetzt an die Kette,
Bis ihr ganz artig seid.
Das Spielen mit dem Feuer
Wird euch noch gründlich leid!“

Er hat dann seinen Riemen
Stillschweigend abgeschnallt
Und klopft damit ihr Leder,
So daß es schwappt und schallt.

Es hingen ihre Ohren,
Sie schlichen still nach Haus;
Sie kamen an die Kette –
Und alles Spiel war aus.

Doch wenn der Putzi später
Noch einmal Tabak roch,
Konnt niemand es verhindern,
Daß er sich schnell verkroch.

Mit Seife und Bürste

Vier Wochen sind eine lange Zeit, besonders wenn man an der Kette liegen muß. Putzi hatte oft geseufzt, während er seine Strafe abbrummte, und er hatte sich fest vorgenommen, nie wieder mit Streichhölzern zu spielen oder gar zu rauchen. Als endlich der Tag kam, an dem er freigelassen werden sollte, war er schon munter, bevor die Sonne aufging, und mit gespitzten Ohren saß er da und wartete, daß Fritz ihn losmachte. Endlich, endlich war es soweit! Laut bellend sauste der kleine Bursche durch Haus und Garten, und vergnügt nahm er die Kette in die Schnauze und schleppte sie in den Keller, damit nichts mehr an seinen schlimmen Streich erinnerte.

Am Nachmittag aber hielt es ihn nicht länger bei seinen Freunden. Er wollte wieder einmal hinaus auf die Wiesen und in den Wald. Lustig trabte er einen Feldweg entlang, und als ihm eine Schafherde entgegenkam, fuhr er, übermütig kläffend, den Hammeln zwischen die Beine. Die Tiere stoben blökend auseinander, und in der Staubwolke, die sie aufwirbelten, sah Putzi den modrigen Graben nicht, gegen den er gedrängt wurde. Er machte einen Satz, um nicht getreten zu werden, und dabei fiel er mitten in den Schlamm, in dem er fast bis zu den Ohren versank.

Mühsam krabbelte Putzi aufs Trockene, aber wie sah er aus! Das Wasser tropfte aus seinem Fell, und der zähe Brei klebte ihm in dicken Klumpen an Beinen, Bauch und Rücken. Putzi schüttelte sich, er wälzte sich im Gras, aber der Schmutz blieb trotz allem fest an ihm hängen. Mit gesenkten Ohren schlich der arme Schelm endlich nach Hause zurück. Er ahnte schon, was kommen würde.

Hanni stand in der Haustür, als er vorsichtig das Gartentor öffnete. „Wie siehst du denn aus?“ rief sie entsetzt. „So darfst du nicht in die Stube!“ Sie drehte sich um, ging in die Küche, und gleich darauf hörte Putzi den Wasserhahn laufen. „Oh weh“, stöhnte er, „sie will mich wirklich baden!“ Ängst-

lich sah er sich nach einem Versteck um, und gleich darauf schlüpfte er in ein dichtes Gebüsch.

Hanni machte inzwischen einen großen Kessel Wasser heiß, und als sie fertig war, rückte sie den Waschzuber heran und rief dann nach Putzi. Allein, der kleine Bursche kam nicht. „Er will sich wieder vor dem Waschen drücken“, meinte Fritz wütend. „Los, Kolk! Wir müssen ihn suchen!“

Lange dauerte es, ehe die beiden Putzi fanden, und erst als Fritz mit dem Stock drohte, kroch er langsam aus seinem

Versteck hervor. Verzweifelt blinzelte er dabei nach rechts und links, ob er nicht doch noch entwischen könnte. Bevor er jedoch einen Ausweg fand, hatte ihn Fritz schon beim Kragen gepackt und in das Waschfaß gesteckt.

Putzi strampelte wild, aber Hanni und Fritz ließen nicht locker. Seifenflocken schäumten auf seinem verklebten Fell, und immer wieder ergriff Hanni die Bürste und schrubbte ihn damit ab. Endlich steckte Fritz ihn in eine zweite Schüssel, klares Wasser rann über seinen Rücken, und dann nahm Hanni ein großes Tuch, um ihn abzutrocknen.

„Uff!“ seufzte Putzi zufrieden. Er hielt jetzt ganz still, und als Hanni fertig war, trottete er in die Stube und betrachtete im Spiegel stolz sein glänzendes Fell. „Na“, meinte Hanni lächelnd, „was war denn nun eigentlich so schlimm?“ „Ja“, stotterte Putzi verlegen, „ich... ich...“ „...war wieder mal recht dumm und ungezogen!“ vollendete der Rabe den Satz. Putzi schlich bockig in eine Ecke, ohne zu antworten. Als er aber abends in seinem Körbchen lag, dachte er beschämt: „Hanni und Kolk haben recht. Denn frisch gewaschen zu sein und sich dann auf ein weiches Kissen zu legen, das ist doch eigentlich eine feine Sache!“

Zwei böse Buben

Im ganzen Dorf
sind sie bekannt,
Der Emil
und der Franz.
Sie haben nie
die Hände heil
Und nie
die Hosen ganz.
Sie folgen nicht
der Eltern Rat,
Auch nicht des Lehrers Wort,
Stets streifen sie im Ort umher
Und sind bald hier, bald dort.
Zur Arbeit haben sie nicht Lust,
Das ist nicht ihr Geschmack;

Doch richten sie
oft Schaden an
Durch frechen Schabernack.
Sie ärgern andre
Kinder gern
Bei Spiel und frohem Tanz;
Manch Kind kam weinend
schon nach Haus
Um Emil oder Franz.

Nun laßt euch hier einmal erzählen,
Wie diese Schlingel Putzi quälen:
Der kleine Kerl trollt froh und munter
Zur Mittagsstunde die Straße hinunter.
Er sieht die beiden Buben stehn,
Kein Mensch ist sonst weitum zu sehn.
Sie fragen ihn freundlich: „Hast du Zeit?
Wir haben für dich eine Neuigkeit.

Begleite uns ein Stückchen ins Feld,
Wir zeigen dir etwas, das dir gefällt."
Der törichte Putzi geht arglos mit,
Es waren nur wenige hundert Schritt.
Elektrische Leitung führt dort übers Land,
Der Draht ist von Mast zu Mast gespannt.
An einer Stelle doch war er entzwei,
Die Enden baumeln zur Erde frei.
„Du mußt nun", sagt Emil, „die Enden ergreifen,
Dann hörst du die Engel im Himmel pfeifen!"

Der dumme Putzi
läßt sich betören,
Er will die Musik
aus dem Himmel hören.
Doch kaum hat er
den Draht berührt,
Da hat er die wildesten
Schmerzen verspürt.
Er zappelt erbärmlich und schreit in Not,
Es fehlt nur wenig, dann wäre er tot.

Den bösen Buben machte es Spaß,
Wie Putzi so fest in der Leitung saß.
Und ob er sich krümmt und jämmerlich schreit,
Sie hätten ihn nie von der Qual befreit.
Ein Zufall nur hat es mit sich gebracht,
Daß man die Leitung stromlos gemacht.

So hatte der arme Putzi noch Glück
Und humpelte heulend nach Hause zurück.
Er hat sich dann lange nicht fortgetraut
Und nur aus dem Garten nach draußen geschaut.

Viel später ist der Putzi dann
Erst wieder ausgegangen.
Es war kurz vor der Erntezeit,
Als alle Vögel sangen.
Er trabt entlang am Roggenfeld
In munterm Hoppellauf,
Da tauchen plötzlich nahebei
Der Franz und Emil auf.
Sie locken ihn im
Schmeichelton,
Damit er
kommen soll,

Und halten ihm dann Zucker hin,
Ein ganzes Tütchen voll.
Sie werfen ihm ein Stückchen zu,
Das hat er schnell erhascht
Und als erprobtes Leckermaul
Mit viel Genuß vernascht.
Das zweite Stückchen macht ihn dreist;
Er kommt ganz dicht heran
Und denkt, daß er nach Herzenslust
Jetzt Zucker schlecken kann.

„So, Putzi, sperr das Mäulchen auf!"
Sagt Emil voller List,
„Ich reich dir soviel Zucker dar,
Bis du zufrieden bist."
Der Putzi tut, was Emil sagt,
Und nimmt das nächste Stück.

Doch als er daran kaut und lutscht,
Weicht er in Angst zurück.
Er fühlt ein Kratzen tief im Hals,
Es reizt und brennt und sticht,
Er schüttelt sich, er stöhnt und spuckt,
Doch hilft das alles nicht.
Umsonst ist alles, was er tut,
Er findet keine Ruh',
Er steckt sein Pfötchen in das Maul
Und macht die Augen zu.

Die beiden Schlingel
lachen roh,
Als sie ihn so erblickt,
Und Emil sagt
ganz schadenfroh:
„Paß auf,
der Bursch' erstickt."

Sie hatten mit dem Zuckerstück
Ihm Grannen eingesteckt;
Zu spät hat Putzi die Gefahr
In seinem Hals entdeckt.
Die Roggengrannen bohren sich
Allmählich tiefer ein.
Wenn niemand ihm zu Hilfe kommt,
Wird er verloren sein.
Der Putzi lenkt in Todesangst
Nach Hause seinen Schritt. –

Die Hanni rief
den Arzt herbei,
Der sah, wie Putzi litt.
Der Doktor leuchtet
in den Hals
Und greift
geschickt hinein;

Er rettet Putzi aus der Not
Und flößt ihm Tropfen ein.

Drei Tage muß Putzi
im Körbchen bleiben,
Und Kolk versucht, ihm
die Zeit zu vertreiben.

Ihm hat der Putzi genau erzählt,
Wie Franz und Emil ihn grausam gequält.
Der kluge Kolk blickt ernst und still
Und sagt: „Ich weiß schon, was ich will.
Wir werden die Burschen jetzt scharf bewachen
Und ihrem Treiben ein Ende machen."

Am nächsten Tage zu früher Stunde
Macht Kolk mit Putzi im Dorf eine Runde.
Von Franz und Emil ist nichts zu erkennen,

Die mochten sich früh von den Betten nicht trennen.
Zur Mittagszeit gehen sie wieder hinaus
Und kommen weit draußen bis Teuberlings Haus.
Dort weiden am Hügel friedlich die Schäfchen,
Und Teuberling hält sein Mittagsschläfchen.

Doch horch! Aus dem Garten kommt Knacken und Rauschen;
Der Putzi und Kolk bleiben stehen und lauschen.
Sie hören im Birnbaum die Zweige knistern
Und Stimmen zuweilen geheimnisvoll flüstern.

Der Kolk hat die Flügel
ausgespannt
Und Franz und Emil
im Birnbaum erkannt.
Der Emil sitzt mitten
schon in den Zweigen,
Und Franz will eben
den Baum besteigen.
Ein Amselnest ist in den Wipfel gebaut,
Das haben die Schlingel von weitem erschaut.
Die jungen Amseln wollen sie nehmen,
Obwohl sich die Alten dann sorgen und grämen.

Der Rabe Kolk
flog zum Gendarm.
Der ist sofort
gekommen;
Er hat den Buben
Franz gepackt
Und in Arrest
genommen.
Der Putzi weckte
Teuberling;
Der holte
eine Leiter,
Damit der Emil
niederstieg;
Doch der stieg
immer weiter.

Dort oben sind
die Zweige schwach,
Ein Knack – er stürzt
hernieder,
Gebrochen ist
das linke Bein,
Verstaucht sind
seine Glieder.
Er hat dann viele
Wochen lang
Im Krankenhaus
gelegen
Und konnte seinen
Körper kaum
Vor großem Schmerz
bewegen.

Und fragt man: Was wurde aus Emil und Franz,
Nachdem sie die Freiheit erhielten?
Zwei folgsame Jungen, die keiner mehr schalt,
Die froh mit den anderen spielten.
Mit Putzi hat Vater Teuberling
Seit dieser Zeit Freundschaft gehalten.
Kommt Putzi vorbei, dann kehrt er stets ein
Und kriegt ein Stück Zucker vom Alten.

Wagen – Auto – Roller

Wenn Fritz oder Kolk Putzi fragten, was ihm am meisten Freude mache, antwortete der kleine Bursche stets ohne Besinnen: „Spazierenfahren!“ Wo er nur eine Gelegenheit erhaschen konnte, auf einen Wagen zu springen, da tat er es, und sooft es ihm möglich war, lief er dem Milchkutscher Johann entgegen, wenn dieser aus der Stadt zurückkehrte. An einer Biegung des Weges wartete Putzi auf das Fuhr-

werk, und stolz setzte er sich neben Johann auf den Kutscherbock und knallte mit der Peitsche, wenn ihm die Pferde gar zu langsam gingen.

Nicht immer aber fragte Putzi artig um Erlaubnis, ob er mitfahren dürfe. Eines Tages, als ein Bauernwagen die Dorfstraße entlangrumpelte, schlich er sich mit ein paar dreisten Jungen von hinten an das Fahrzeug heran. Die Buben klammerten sich an dem Wagen fest, Putzi aber war zu klein, um die Kante fassen zu können. Seine Pfötchen griffen ins Leere, und er plumpste auf die Pflastersteine.

Während er sich aufrappelte und seine zerschundene Nase

betastete, kam der Bäcker Bautz des Weges. „Das geschieht dir recht!“ sagte er grimmig. „Weißt du nicht, daß es streng verboten ist, sich an Fahrzeuge anzuhängen? Sei froh, daß du nur hingefallen und nicht auch noch überfahren worden bist! – So, und nun werde ich mir mal die beiden Burschen da vorne vornehmen!“

Der Bäcker eilte hinter dem Wagen her, packte die Buben am Kragen und zog sie mit einem Ruck herunter. Klitsch, klatsch, hörte Putzi es knallen, und während er mit verschwollener Nase nach Hause hinkte, verschwanden die beiden Jungen heulend um die nächste Ecke.

Ein paar Tage später mußte Putzi zum Kaufmann in die

Stadt gehen. Mißmutig trottete er die Landstraße entlang, und als er dort ein Auto halten sah, an dem der Fahrer gerade ein Rad auswechselte, blieb er stehen und guckte neugierig zu. „Ein feines Auto!“ meinte er, als die Arbeit beendet war, und bittend fuhr er fort: „Könnte ich nicht mitfahren? Ich bin schon so müde, und der Weg zur Stadt ist noch weit!“ Der dicke Mann, dem das Auto gehörte, blickte Putzi verdutzt an. „Ein Hund, der sprechen kann, das ist mir auch noch nicht vorgekommen!“ murmelte er.

„Der könnte mir gefallen!“ Einen Augenblick überlegte er, dann gab er dem kleinen Burschen ein Zeichen, sich neben ihn zu setzen, und gleich darauf fuhr das Auto davon.

Putzi war glücklich! Was er sich schon lange sehnsüchtig gewünscht hatte, war endlich in Erfüllung gegangen. Stolz räkelte er sich in seiner Ecke, und als er den Milchwagen kommen sah, winkte er dem Kutscher Johann herablassend zu, als wollte er sagen: „Siehst du, so fein bin ich geworden; denke daran, wenn ich wieder einmal zu dir auf den Kutscherbock springe!“

Es dauerte nicht lange, da war die Stadt erreicht, und Putzi bat, aussteigen zu dürfen. Allein, der dicke Mann neben ihm fuhr weiter, ohne auch nur aufzublicken. Voller Angst

beobachtete Putzi, wie es in schneller Fahrt durch die Straßen ging. Jetzt lag die Stadt schon hinter ihnen… jetzt ging es durch einen Wald… durch ein Dorf… zwischen Feldern entlang… „Halt, halt!“ schrie Putzi verzweifelt. „Ich will aussteigen!“ „Das gibt es nicht; du bleibst bei mir!“ antwortete der Dicke barsch und warf Putzi einen so drohenden Blick zu, daß der kleine Bursche sich furchtsam zusammenduckte.

In diesem Augenblick bog ein Leiterwagen auf die Straße ein, und der Fahrer mußte scharf bremsen. Mit einem riesigen Satz schnellte Putzi hoch und sprang aus dem Auto. Er überschlug sich, trudelte in den Graben, rappelte sich wieder auf und lief dann davon. Nur ein Gedanke beherrschte ihn dabei: „Zurück nach Hause zu Hanni, Fritz und Kolk!“

Stunde um Stunde trottete er die Straße entlang. Sein Kopf brummte von dem Sturz, und seine Pfötchen schmerzten, und als es auch noch anfing zu regnen, setzte er sich unter einen Busch und heulte jämmerlich. Erst als fernes Donnergrollen erscholl, trabte er mit hängenden Ohren weiter. Es war längst Mitternacht vorüber, als er ganz erschöpft vor dem Häuschen der

vier treuen Freunde anlangte.

„Putzi, bist du es?" scholl ihm eine Stimme aus der Dunkelheit entgegen, und als der kleine Bursche aufblickte, bemerkte er den Raben Kolk, der auf der Gartentür hockte und besorgt nach seinem kleinen Freund Ausschau hielt. „Ja", antwortete Putzi kläglich. „Aber scheltet nur nicht allzusehr mit mir; ich bin ja froh, daß ich wieder da bin!" Bedrückt folgte er dem Raben ins Haus, und mit stockender Stimme berichtete er Hanni und Fritz von seinem Abenteuer. „Natürlich! Spazierenfahren mußtest du wieder!" krächzte Kolk wütend. „Weißt du denn nicht, daß so kleine Burschen wie du niemals mit Fremden mitgehen oder gar mitfahren sollen?“ „Er wird es sicher nicht wieder tun“, mischte sich Hanni beschwichtigend ein, und als Putzi in sein Körbchen gekrochen und eingeschlafen war, tuschelte sie noch lange mit ihren Freunden.

Am nächsten Morgen begann in der kleinen Werkstatt hinter dem Haus ein lautes Sägen, Klopfen und Hämmern, und am Abend hatte Fritz ein paar große Farbflecke auf der Bluse. „Was habt ihr nur vor?“ fragte Putzi neugierig, der vergeblich versucht hatte, einen Blick in die Werk-

statt zu werfen. „Das wirst du schon noch erfahren“, antworteten seine Freunde verschmitzt, und sie schwiegen auch beharrlich weiter, bis Putzi eines Tages vor die Gartentür gerufen wurde. Ein wunderhübscher kleiner Roller stand dort, und mit einem Jubelruf schwang sich Putzi hinauf. „Das ist das richtige Fahrzeug für ihn!“ krächzte der kluge Rabe Hanni und Fritz zu, die lächelnd ihrem kleinen Freund nachblickten, als er im kühnen Bogen den Weg hinuntersauste.

Das Taschenmesser

Vor Putzis Tür hat der
Schnorps gebellt:
„Komm schnell heraus
zum Spielen im Feld!“
Der Putzi willigte
freudig ein;
Es bummelt sich herrlich
im Sonnenschein.

Sie haben dann beide abgemacht :
Wir gehen gemeinsam auf Mäusejagd.
Sie stürmen davon und machen Halt
Am Steinberg vor dem Bauernwald.
Dort griff der Schnorps erst gestern früh
Ganz unverhofft ein Mausevieh.
Hah! Hier ein frischgewühltes Loch,

In dem es stark nach Mäusen roch.
Ein zweiter Gang ist dicht dabei.
Nun los! Die fangen wir eins, zwei, drei.

Sie graben und schnüffeln nach Hundeart,
Sie kratzen und scharren, der Boden ist hart.
Auf einmal sagt der Putzi: „Oh weh,
Ich riß mir eben den großen Zeh!
Hier liegt ein eiserner Gegenstand
Ganz fest verpackt zwischen Steinen und Sand."
Sofort kommt der Schnorps und beschnüffelt genau
Den Fund in der Erde und sagt dann schlau:
„Ich glaube, du hast ein Messer entdeckt,
Das hier schon lange verborgen steckt."

Ein Messer, denkt
der Putzi,
Das wäre
ja famos,
Das wünsch ich mir
schon lange.
Er gräbt
aufs neue los.
Der Dackel muß
ihm helfen,

Weil es dann schneller geht
Und jeder echte Dackel
Das Buddeln gut versteht.
Sie kratzen hurtig weiter
Und ziehen dann heraus
Ein altes Taschenmesser
Statt einer fetten Maus.

Da stehen die beiden,
und Putzi sinnt,
Was er nun zuerst
mit dem Messer beginnt.
Doch bald sagt er freudig
zu Schnorps: „Komm mit,
Ich mache am Bach
einen Weidenschnitt.
Wir klopfen die Rute
und kerben sie ein,
So wird's eine Flöte; wir spielen dann fein."
Sie springen hinab zu den Weiden am Sumpf –
Vergebens die Mühe, das Messer ist stumpf.
Ganz traurig ist Putzi, der Schnorps aber lacht:
„Das Messer wird blitzblank und scharf gemacht.
Ein Schleifstein steht hinter Teuberlings Scheune,
Wir kriechen bequem durch die löchrigen Zäune."

Es geht auch alles ganz nach Wunsch;
Der Dackel dreht den Stein,
Der Putzi hält das Messer dran
Und muß der Schleifer sein.
Zuerst ist er zwar ungeschickt
Und schleift sein Pfötchen mit,

So daß es heiß wie Feuer brennt,
Und Putzi Schmerzen litt.
Doch macht er sich da wenig draus,
Das Messer ist bald blank,
Und schleunigst wird es ausprobiert
Am Holz der Gartenbank.
Der Putzi bellt vor Freude auf,
Sein Messer ist jetzt scharf.
Nun aber fort, weil Teuberling
Sie nicht erwischen darf.

Zum Steinberg wollen die beiden traben,
Wo sie vorhin das Messer gegraben.
Am Weg steht ein Bäumchen, ganz jung und schwach;
Das sieht unser Putzi und greift danach.
Ein Ruck mit dem Messer, das Bäumchen ist tot –
Bedenkst du denn gar nicht, was dir nun droht?
Er hat nur an sein Messer gedacht
Und noch zwei Bäumchen ums Leben gebracht.
Da hat von drüben ein Schuß geknallt.
Das war der Förster vom Bauernwald.

Nun heidi, nach Hause,
der darf uns nicht fassen,
Sonst müssen wir beide
das Leben lassen!
Quer geht's durch die Felder,
durch Wiesen und Heiden.
Vergessen sind Mäuse
und Flöte und Weiden.

Zu Hause ist Putzi ganz allein,
Die Freunde gingen spazieren.
Er nimmt sein Messer; jetzt ist es Zeit,
Es richtig auszuprobieren.
Er hatte dem Tischler einst zugeschaut,
Wie er an Möbeln schnitzt,
Und denkt: Jetzt wird hier irgendwo
Mein Name eingeritzt.

Das Tischblatt ist so glatt und blank,
Da kommt ein P hinein.
Wenn Fritz mit Hanni wiederkommt,
Will ich schon fertig sein.
Ein Sprung zum Stuhl und hoch zum Tisch,
Schon sieht man Späne fliegen,

Die dann auch bald
im Kreis umher
Auf Tisch und
Teppich liegen.
Das P ist fertig,
da ist der Fritz
Mit Hanni und
Kolk gekommen.
Sie haben an
den Spänen gleich
Die Untat
wahrgenommen.

Die Hanni weinte bitterlich,
Und Fritz nahm Putzi beim Kragen;
Woher er das Messer bekommen hat,
Das soll er zuerst mal sagen.
Der Putzi berichtet nun ganz genau,

Was er heut‘ alles verbrochen,
Und hat sich dann in Scham und Angst
Im Winkel scheu verkrochen.
Er sah, wie Fritz das Messer nahm
Und gut im Schrank verschloß,
Und wie die Hanni immer noch
Viel Tränen um ihn vergoß.

Der Fritz sagt zornig:
„Der Putzi mag laufen.
Wir könnten ihn auch
den Zigeunern verkaufen!“
Da ist der Kolk
dazugetreten
Und hat um Verzeihung
für Putzi gebeten.
„Ich bin schon alt
und weiß bestimmt,

Wie man sich klug und verständig benimmt.
Der Putzi ist noch zu jung und dumm,
Nehmt ihm seine Torheiten nicht so krumm.
Wir wollen ihn bessern, doch nicht vertreiben;
Er ist unser Freund und soll es bleiben!“

Sie haben alle auf Putzi geguckt.
Der hat sich zuerst verschämt geduckt.
Dann sagt er: „Von heute ab wird‘s mit mir besser,
Nie wieder nehme ich heimlich ein Messer.“

Hanni hat Geburtstag

Der Streich mit dem Taschenmesser ging Putzi mächtig nahe. Es bedrückte ihn sehr, daß er seinen Freunden solchen Kummer bereitet hatte, und er bemühte sich daher, so artig zu sein wie noch nie. Wenn Hanni ihn rief, kam er sofort herbei, und ohne zu murren half er ihr den Wassereimer tragen oder die Äpfel auflesen, die der Wind von den Bäumen gerissen hatte.

Eines Tages aber sah Kolk ihn in tiefem Sinnen in einer Ecke hocken, und als der Rabe ihn fragte, was denn los sei, antwortete Putzi: „Ach, ich bin ganz traurig! Du weißt doch, morgen hat Hanni Geburtstag. Ich möchte ihr so gern etwas

schenken, und nun fällt mir nichts ein.“ „Na“, meinte der Rabe, „dann wollen wir mal gemeinsam nachdenken!“ Er legte den Kopf auf die Seite, und nachdem er eine Weile still dagesessen hatte, klapperte er plötzlich fröhlich mit dem Schnabel. „Ich glaube, ich habe etwas“, sagte er zu Putzi, der erwartungsvoll die Ohren spitzte. „Erinnerst du dich noch, wie Hanni sich immer freute, wenn du einmal ein Bild zu zeichnen versuchtest? Wie wäre es, wenn du ein kleines Gedicht lernen, es sauber auf einen Bogen schreiben und ein Bild von uns Vieren dazu zeichnen würdest?“ „Ja, das wäre schön!“ rief Putzi. „Aber wo soll ich denn malen?“ fügte er gleich darauf kleinlaut hinzu. „Hanni darf doch nichts merken; es soll doch eine Überraschung für sie sein!“

Der Rabe sah seinen Freund verschmitzt an. „Wenn du schweigen kannst, werde ich es dir zeigen“, sagte er und führte Putzi zu der kleinen Werkstatt hinter dem Haus. Dort saß Fritz, und vor ihm lagen viele kleine Brettchen, die er gerade zu einem wunderhübschen Nähkästchen zusammenzuleimen begann. „Das ist unser Geschenk für Hanni“, erklärte Kolk stolz. „Aber wehe, wenn du etwas ausplauderst!“ Während Fritz einen kleinen Tisch vor das Fenster rückte, betrachtete Putzi staunend den zierlichen Kasten.

Dann setzte sich der kleine Bursche auf einen Schemel, nahm Bleistift und Papier und sah erwartungsvoll seinen Freund Kolk an. „Nun, wie ist es mit dem Gedicht?“ fragte er den Raben.

Kolk plusterte nachdenklich seine Federn. „Langsam, langsam, so schnell geht das nicht!“ krächzte er. „Fang nur immer an zu malen, ich werde inzwischen nachdenken!“ Mit ungelenken Pfötchen führte Putzi den Zeichenstift über das Papier. Oh weh, wie schwer war das nur! So sah doch kein Rabe aus, und noch weniger Fritz! Seufzend riß Putzi den Bogen herunter und begann sein Werk von vorne. Wieder wurde alles krickelkrakelkrumm, und er wollte schon verzweifeln, da trat Fritz lächelnd neben ihn. Er führte sanft die Pfote des kleinen Burschen, und allmählich formte sich das Bild, schöner als Putzi je zu hoffen gewagt hatte. Strahlend zeigte er es dem Raben. „Fein!“ nickte dieser. „Und nun das Gedicht:

Ich komm zu dir mit guten Wünschen,
Weil heute dein Geburtstag ist,
Und möchte dir dies Bildchen schenken,
Damit du Putzi nie vergißt.“

Langsam, Buchstabe für Buchstabe, schrieb Putzi nieder, was der Rabe ihm diktierte, und als er fertig war, begann er sogleich, die Verse auswendig zu lernen. Halblaut sprach er die Worte vor sich hin, und immer wieder fing er von vorne an, bis er die Zeilen hersagen konnte, ohne zu stocken.

„Geschafft!" seufzte er endlich auf, und dann rannte er fröhlich davon, um den Dackel Schnorps zu suchen und ihm das Bild zu zeigen.

Am nächsten Morgen wurde Putzi als erster wach. Er kroch leise aus seinem Körbchen, weckte vorsichtig den Raben und Fritz, und dann schlichen die drei Freunde auf Zehenspitzen zur Tür hinaus, damit Hanni nicht aufwachen sollte. Sie durchstöberten alle Winkel des Gartens und wählten die schönsten Blumen aus, und als sie einen prächtigen Strauß gepflückt hatten, eilten sie ins Haus zurück

und deckten den Geburtstagstisch. Fritz stellte die Blumen und das Nähkästchen darauf, der Rabe holte Teller und Tassen, Putzi schleppte den großen Kuchen herbei, den Fritz vom Bäcker hatte backen lassen, und zum Schluß kam noch eine Schale mit neun brennenden Kerzen hinzu.

Dann wurde Hanni geweckt. Freudig klatschte sie in die Hände, als sie ins Zimmer trat, und mit glänzenden Augen betrachtete sie den Geburtstagstisch. „Das ist ja herrlich!“

rief sie aus, als sie den Nähkasten sah, und gerade wollte sie Fritz und Kolk danken, da drängte sich Putzi ungeduldig vor. „Ich habe auch noch was!“ meinte er wichtig. Er streckte Hanni das Bild entgegen, und gleichzeitig begann er, sein Gedicht aufzusagen:

„Ich komm zu dir mit guten Wünschen,
Weil... weil... weil......“

Dreimal wiederholte Putzi das Wort, dann verzog er kläglich das Gesicht und blickte hilfeflehend den Raben an. Kolk schüttelte mißbilligend den Kopf. „Nun, was ist denn heute für ein Tag?“ versuchte er, seinem kleinen Freund einzuhelfen. „Dienstag!“ antwortete Putzi strahlend, und er sah ganz verdutzt drein, als Hanni, Fritz und Kolk schallend loslachten. Er begriff nicht, daß er etwas Dummes gesagt hatte, und beleidigt wollte er sich nach einer Weile in eine Ecke verkriechen.

Hanni aber ließ es nicht dazu kommen. Sie zog den kleinen Burschen zu sich empor, streichelte ihn und meinte dann: „Nein, daraus wird nichts! Heute an meinem Geburtstag wollen wir alle recht vergnügt sein!“ Mit einem langen Satz sprang Putzi von Hannis Arm herab. „Geburtstag, das ist's!“ schrie er glücklich. Er reckte sich hoch auf, und dann sagte er seinen ganzen Vers her.

„Das hast du fein gemacht!“ lobte Hanni ihren kleinen Freund, und als sie sich gleich darauf an den Kaffeetisch setzten und der Kuchen angeschnitten wurde, legte sie ihm zur Belohnung das dickste Stück vor. Putzi schlang es gierig hinunter, und während er schon begehrlich nach dem nächsten schielte, hörten seine Freunde ihn befriedigt knurren: „Eigentlich müßte alle Tage Geburtstag sein!“

Druck der Ohlenroth'schen Buchdruckerei in Erfurt